Mildskab

En samling digte af

Camila Rievers Søgaard

Mildskab 2. udgave 2015
© by Camila Rievers Søgaard
Bogens forside er tegnet af Anja Kvist Jensen
Forlag: BoD – Books on Demand, København, Danmark
Fremstilling: BoD - Books on Demand GmbH - Norderstedt,
Tyskland

ISBN 9788771458077

Mildskab

En digtsamling

Af Camila Rievers Søgaard

Forside tegnet af Anja Kvist Jensen

Tak, for ordet.

Da ånden kom ud

En dag helt uventet

Kom ånden over mig

Den var kommet ud af lampen

Jeg lod mig forføre

Helt åndet!

Føre med

Fulgte med

I hvert et åndedrag den tog

Ganske forført i hver en fiber

Svømmede jeg med i de luftige tanker

Det var så let

Så ligetil

Indtil jeg faldt med et brag

Der lå jeg på gulvet

Svømmede rundt i min egen

Selvmedlidenhed

Ånden var tilbage i lampen

Jeg lå tilbage og følte mig lidt ånd svag

En krydret affære

En saltfattig pebermø

Yderst på kanten sad hun

Ventede på ham

Han var veldefineret

I hendes sind

Hun ventede

Ventede

Og ventede

Til saltet nåede håret

Fฅck!!

Ku godt bruge et par knapper i mit liv:

Control - alt - delete

Reboot

Og et nyt program:

Life version II

Og vupti -

Alt upassende, dumt og sårende, jeg nogensinde har sagt og gjort er væk

Ingen rynker, fartbøder eller for mange spiste kager

En helt ny side begynder

Fortrudt, frustreret eller fuld af forfreude

Kan man prutte om prisen for et liv

Der er fuld af fuldskab

Tomt for tomhed

Skal man

Har man retten på sin side

Hvis det er hovedsagen

Der skal rettes

Kan man

Bør man glædes ved et nedslag

Når det er Amors pil

Der er slået ned

Jeg kan

Han slæbte et næsehorn med hjem i går

Nu har det lige pløjet hele gulvet op

Han siger ingenting

Oppe fra skabet kan jeg se det hele
Næsehornet er stort, gråt og vejer mindst tre ton
Det fnyser

Jeg synes sådan set et næsehorn
Er lidt for stort og det lugter
Lige her midt i stuen...

Han sidder ved sin computer, helt stille
Nu gør han noget!
Nej, ikke alligevel

Kan han ikke se det?
Tre tons lugtende, larmende, pløjende...
Nu skider det

Nu skrider jeg!
Altså når jeg tør komme ned
Jeg er lidt bange for næsehorn

Hvem har taget ordet?

Jeg kan ikke finde det

Havde det ellers lige på tungen

Havde så mange at sige

På række

Som sku gi mening

Men hva' faen' er meningen?

Når jeg ikke en gang selv ka' se den

Hvem sku så ku - ku?

Hvor ondt det gør

At miste

At sige farvel

At aldrig mere sku se, høre, le og kramme

Dig

Alle de minder

Smuldrer væk lidt efter lidt

Jeg vil så gerne holde det hele i live

Min hukommelse hjælper mig

Ved at glemme

For at komme videre

For det går videre

Sjovt nok

Selvom det føles definitivt

Lige når det sker

Det store farvel

Så er der en "i morgen"

For mig

Godt nok ikke for dig

Men for mig

Og lige pludselig er en "i morgen"

En solskinsdag

Det ved min hjerne i dag

En dag ved mit hjerte det...

Til minde om dem jeg elsker, som er draget videre

Jeg har smidt grillhandskerne!

Ikke flere flødefarvede ord

Tigger aldrig mere livet om nåde

Med hjertet i sålerne

Rammer jeg tasterne

Skriver jeg på den nye menu:

Livsglædesuppe

Vildtlevende steg i en rand af vildensky

Blandet båndsalat til lyden af lettelsens suk

Kærlighedsfrugter i lyserød skysovs

Du får min afsjælede indersål at se

Hvis du kommer til middag

Jeg kæmper med min hvirvel

Jeg har morgenhår på tiende år

Jeg har fået en bums

Mælken er sur

Teen er varm

Tøjet sidder for stramt

Men jeg har tiden til at konstatere det i

En væg jeg kan hænge mit spejl på

Køleskabet fuld af ting, jeg kan smide ud

En jeg kan brokke mig til

Og over...

Knudemanden

Jeg rejser mig ved det træ, jeg blev fældet

Heldigvis er jeg ikke helt gået i spåner

Selvom jeg får en prop ind i mellem

Jeg mødte en træmand

Han var sq noget at en knude

Han stak en kæp i mit hjul

Og jeg som ellers kørte der-ud-af

"Bang" så lå jeg der

Slået til pindebrænde

Nu rejser jeg mig

Og ser kun splinten i hans øje

Kontaktannoncer:

En brødflov bagersvend
Søger ungdommelig bagerjomfru
Der kan li lugten i bageriet

Pebermø med egen kværn
Søger krydderi på tilværelsen
Og spicy oplevelser

Gartner ønsker blide hænder
Til at holde i sine grønne
Gerne en med ukrudt i

Pølsemager med pølsefingre
Er på jagt efter en go steg

Kirurg på udkig efter partner
Ring, hvis du ser dit snit.

Antropolog med speciale i uddøende racer, søger
Demokratisk visionær politiker at dele livet med

Gammel sømand søger velpakket skibsbrud

Tørlagt fisker søger sild med sidevogn

Skilsmisseadvokat søger blond
Sekretær med separationsangst

Vilddyr i vildrede

Katten fanget i sin egen leg

Fastklemt mellem poterne

Musen ser fra hullet

Dumme kat

Troede du virkelig at du ku få mig?

Katten slikker fraværende sit skind

Får øje på noget i det fjerne

Et imaginært objekt

Fjerner det pinlige øjeblik

Rejser sig og slentrer væk

Udefra helt upåvirket

Nu kan jeg få vejret igen

Efter det er blevet ligegyldigt

Hvordan vejret er hos dig

Det var som nogen havde kastet

En fortryllelse... eller forbandelse

Nu er jeg vågnet

Til en lidt for kold sommerdag

Men dog intakt

Befandt mig i en lang soap opera

Hvor antiheltinden jagter

Ham der

Ham, alle ved hun ikke får

Og så ender det med at hun

Bliver alkoholiker

Knipper en trucker

Eller ender sine dage som

Kedsommelig sofapude

Jeg slukker for soapen og trækker vejret

Ord

Ord er taknemmelige

Ord kan forløse

Ord kan gi mening

Ord kan give håb

Ord kan såre

Ord er luft

Ord

Puster til gløder

Kullet er plask vådt

Ilden for længst gået ud

Alligevel puster jeg

Tænk hvis der var en gnist

En lille en

Bare en lille bitte en

Som så kunne fænge

For at blive til gløder

Som så kunne blive til en lille ild

Som kunne blive til et kæmpe bål

Som ville brænde som et steppeild

Brænde alt op...

Måske sku jeg holde

Op...

Skibsbrud

Udmattet af længsel

Gir jeg efter

Boven skælver og der er hul

Tusinde tanker myldrer ind

Truer med at vælte det hele

Følelser – surret fast

River sig løs

Driver løsslupne, frivole og frimodige

Rundt blandt vragrester af de

Barske realiteter

Når jeg mindst venter det

Støder de sammen

Og forskubber balancen

Mayday!

Slået af en slagsang

Der kommer sangen

Skrålende

Brasende

- Små slag -

Ramt!

Af en slagsang

Hvor faldt slaget?

Jeg så det slet ikke

Men nu ligger jeg her

Ør, med toner i hele kroppen

Og nynner en lille sang

En slagsang

Spørge Jørgen blev voksen

Hvor få tanker skal man tænke for at kaldes tankeløs?

Skal man være u-rytmisk for at være taktløs?

Hvordan lugter det bageri, som ingen kan li lugten i?

Hvem har lyst til at være i et kridthus?

Hvornår er en kartoffel heldig?

Sidder visdommen i næsen, hos de næsvise?

Hvis jeg nogensinde skal dømmes – så idøm mig ung-dom, frem for alder-
dom

Søger højt

Leder dybt

Kigger overalt

Til jeg til sidst bliver træt

Og gir op

Sætter mig

Av!

Hva var det?

Jamen, der var det jo!

Det jeg søgte så længe

Der har hele tiden været lige her

Svaret

Tankeløs og tanketom

Ordgylle ordflom

Fuld af selvfede

Ord med selvlede

Fylder skatten

Af ord fra natten

Tomme løfter

Graver grøfter

Til intet sker

Og intet er

Tog

Tog det hele for givet

Kørte efter hver sin køreplan

Vi så det bare ikke, før det var for sent

Nu står vi her, på hver vores perron

Ser på et tog der er kørt

I larmen forsøger vi at snakke

Hen over skinnerne

Jeg ved du mener det godt

Jeg tror jeg ved hvad jeg mener

Du tog

Jeg tog

På en råkold nat som denne

I det samme kommer mit tog

Tog i mod

En ny station.

Idealer kan kun skuffe

For dem putter man på piedestaler

Der vælter i den mindste storm

I et glas vand

Oversvømmer hjernen

Så blindt man ser

Glemmer helt

At

Tænke

Selv

Gud fader hvor mageløst

Hvem har mon opfundet konformiteten?

Og de ensformede, ensfarvede sofapuder.

De ensrettede gader fulde af fuldfede

Mælkevejens mælkeskæggede bladsmørere

Har ligeværd en værdi?

Har et menneske?

Kan det måles og opvejes

Af hjertelige hjerteløse?

Kan man få nok af sig selv?

Kan vi få nok?

"Lykken venter lige om hjørnet"

Vi har bare ikke opdaget, at der ingen hjørner er på vejen her…

Til bal hos kongen

Flæskede Fedtegrever med fedtfattige fedtfingre
sipper slappe, slaskede, sløvende sjusser

Mens myndige myndlinge mønstrer møer
krammes kokken i kongens kammer

Da Dronningen danser drivende diva dans
pisser prinsessen i punchen

De royale riddere, ridder ringmuskler i ring og
risikerer ringere ride-evner

Kongen konstaterer kort at
baronen bærer branderen bedre end baronessen

Musikken mumler modige melodier, mens
jeg jagtes af juvelbesatte junkere

Tak, til alle jer som hjælper og støtter, når jeg digter ☺